PEMBELAJAR JUNIOR

SEMUA TENTANG
PENGUIN

CHARLOTTE THORNE

www.thomasinemedia.com
ISBN: 9798869011893

PEMBELAJAR JUNIOR

SEMUA TENTANG
PENGUIN

CHARLOTTE THORNE

Penguin adalah burung air dan tidak bisa terbang yang menarik sekaligus menggemaskan!

Fosil penguin berumur lebih
dari 60 juta tahun.

Deskripsi penguin pertama kali diketahui berasal dari seorang penjelajah Portugis pada abad ke-16.

Fosil Palaeeudyptes klekowskii yang terkenal mengungkap seekor penguin punah yang tingginya 6 kaki!

Kini, spesies penguin terbesar adalah penguin Kaisar. Tingginya bisa lebih dari 3 kaki.

Penguin tergolong burung karena mempunyai bulu, dan dapat bertelur. Mereka tidak bisa terbang seperti kebanyakan burung lainnya.

Penguin adalah penyelam yang hebat dan beberapa spesies dapat mencapai kedalaman lebih dari 1.500 kaki, dan menahan napas hingga 20 menit.

Bulu penguin memberikan isolasi kedap air, agar tetap hangat.

Penguin berkomunikasi satu sama lain dengan menggunakan suaranya yang disebut braying.

Tidak banyak penguin kehidupan
nyata yang terkenal, tapi...

...banyak film yang menampilkan
penguin! Seperti Mary Poppins,
Madagaskar, dan Happy Feet!

Tahukah Anda penguin punya keluarga? Ibu penguin dan ayah penguin akan membesarkan anak-anak mereka bersama.

Ibu dan ayah penguin bergiliran menjaga telur tetap hangat, kecuali Penguin Kaisar. Bersama mereka, sang ayah menjaga telurnya tetap hangat sendirian.

Mari kita lihat berbagai spesies penguin.

Penguin Raja

Mereka terlihat mirip dengan penguin Kaisar karena corak oranyenya. Mereka adalah spesies penguin terbesar kedua, dan anak-anaknya terlihat seperti kepulan kecil berwarna coklat.

Penguin Gentoo

Penguin ini memiliki paruh dan kaki berwarna oranye terang. Meskipun terlihat kecil, mereka adalah spesies terbesar ketiga! Mereka ditemukan di wilayah Antartika.

Penguin Tali Dagu

Penguin-penguin ini adalah yang berpenampilan lucu. Mereka mempunyai garis hitam di bawah lehernya, itulah sebabnya mereka disebut "Chinstrap." Mereka adalah pendaki yang baik.

Penguin Makaroni

Burung-burung ini tinggal dalam koloni besar. Mereka dikenal energik dan sangat sosial. Mereka paling dikenal dengan kepala kuningnya, juga disebut "jambul".

Penguin Rockhopper

Penguin ini memiliki jambul terbaik yang pernah ada! Lihatlah betapa runcing dan kuningnya kepala mereka. Mereka juga memiliki mata merah. Penguin Rockhopper dikenal sebagai pemanjat yang luar biasa.

Penguin Magellan

Mereka memiliki pita tapal kuda hitam di dada mereka, dan merupakan salah satu spesies penguin yang ditemukan di daerah hangat. Rumah mereka adalah pantai Amerika Selatan!

Penguin Humboldt

Penguin ini juga berasal dari Amerika Selatan. Mereka memiliki bercak merah muda di wajah mereka dan merupakan perenang hebat.

Penguin Galápagos

Ini adalah satu-satunya penguin yang ditemukan di utara garis khatulistiwa – yaitu garis yang memisahkan bumi menjadi utara dan selatan. Mereka adalah burung yang sangat kecil.

Penguin Afrika

Penguin ini mempunyai suara yang sangat unik - panggilan mereka terdengar seperti suara keledai! Sesuai dengan namanya, mereka tinggal di bagian selatan benua Afrika.

Pinguin Mata-Kuning

Burung-burung ini menyebut Selandia Baru sebagai rumah mereka. Mereka tidak hanya memiliki mata kuning, tetapi mereka juga memiliki pita kuning di sekeliling kepalanya. Ini adalah salah satu spesies penguin paling langka.

Penguin Kecil

Mereka juga disebut "Penguin Peri" karena merupakan spesies penguin terkecil. Burung kecil ini ditemukan di Australia dan Selandia Baru.

Penguin Jambul Tegak

Burung ini mempunyai jambul kuning yang sangat tinggi dan banyak ditemukan di sekitar kepulauan Antartika. Mereka sangat sosial dan juga burung yang vokal!

Menjerat Penguin

Penguin ini terlihat mirip dengan Penguin Jambul Tegak. Mereka hidup di pantai berbatu, dan saat berenang mereka bisa berkamuflase di laut.

Penguin Jambul

Burung Selandia Baru ini hidup berkoloni dan seperti banyak spesies lainnya, memiliki alis panjang berwarna kuning. Mereka memakan krill.

Penguin membantu ekosistem kita.

Populasi penguin liar memberi tahu para ilmuwan betapa sehatnya ekosistem laut.

Mempelajari kemampuan menyelam penguin telah menginspirasi pengembangan teknologi bawah air.

Penelitian tentang perilaku kawin dan mengasuh penguin telah memberikan wawasan tentang cara membesarkan anak dan hubungan antar manusia.

Penguin adalah bagian penting dari ekosistem dan lingkaran kehidupan kita. Mereka adalah salah satu makhluk paling menawan dan lucu di bumi.

Milton Keynes UK
Ingram Content Group UK Ltd.
UKHW051026011223
433478UK00005B/9